LEARN CATALAN
WITH 1000 ESSENTIAL WORDS

CONTENTS

6	PRONOUNS
7	TALK
8 - 9	NUMBERS
10	FRUITS
11	VEGETABLES
12 - 13	FOOD
14 - 15	FAMILY
16 - 17	HUMAN
18 - 20	ANIMALS
21	PREPOSITION

CONTENTS

22 - 23 VEHICLES

24 DAYS

25 MONTHS

26 - 27 TIME

28 SHAPES

29 COLORS

30 MUSIC

31 TOOLS

32 - 33 POSITION / DIRECTION

34 SEASONS

CONTENTS

35	WEATHER
36 - 37	SPORTS
38	CLOTHES
39	PROFESSIONS
40 - 41	ADJECTIVES
42 - 45	VERBS
46 - 47	TECHNOLOGY
48 - 49	INTERNET
50	FEELINGS
51	CULTURE

CONTENTS

52 - 53	NATURE
54 - 55	ECOLOGY
56 - 57	BUILDINGS AND SHOPS
58	CONTINENTS
59 - 61	COUNTRIES
62	SOLAR SYSTEM
63	MATH
64 - 67	SCHOOL
68 - 71	HOME
72	CONNECTING THOUGHTS

Els pronoms més útils
Most Useful Pronouns

1. I — i
2. YOU — vostè
3. HE — ell
4. SHE — ella
5. IT — això
6. MY — meu
7. ME — jo
8. US — nosaltres
9. WE — nosaltres

parlar 7 TALK

Hola

gràcies

sí

no

si us plau

ho sento

adéu

Benvingut

perquè

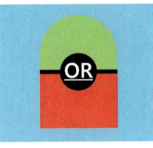
o

i

quant

help
ajuda

awesome
genial

bonic

which
quin

nombres

zero
zero

one
un

two
dos

three
tres

four
quatre

five
cinc

six
sis

seven
set

eight
vuit

9 numbers

nine
nou

ten
deu

eleven
onze

twelve
dotze

fifteen
quinze

twenty
vint

fifty
cinquanta

one hundred
cent

one thousand
mil

 apple poma	 banana plàtan	 Cherry Cirera
Guava Guayaba	Fig Fig	kiwi kiwi
Orange taronja	Strawberry Maduixa	Pear Pera
Watermelon Síndria	Lemon Llimona	Sugar Sucre
Plum Pruna	Grapes Raïms	Mango Mango

10 fruites fruits

vegetables / verdures

11

potato
patata

Carrot
Pastanaga

fresh
fresc

tomato
tomàquet

paprika
pebre vermell

cucumber
cogombre

Eggplant
Albergínia

broccoli
bròquil

Chili
Xile

Mushroom
Bolet

onion
ceba

Garlic
All

Corn
Blat de moro

eggplant
albergínia

Cabbage
Col

12

breakfast — lunch
esmorzar — dinar

water
aigua

juice
suc

milk
llet

egg
ou

butter
mantega

cheese
formatge

coffee
cafè

tea
te

Caramel
Caramel

dinner	13	meal
sopar		menjar

sausage	bread	Yogurt
llonganissa	pa	Iogurt

	authority		honey
	autoritat		mel

Chocolate	Cake	candies
Xocolata	pastís	caramels

família

mother

mare

father

pare

sister

germana

baby

nadó

brother

germà

wife

dona

husband

marit

family

aunt
tia

uncle
oncle

cousin
cosí

niece
neboda

nephew
nebot

grandmother
àvia

grandfather
avi

humana 16

tongue
llengua

teeth
dents

eye
ull

nose
nas

forehead
front

ears
orelles

neck
coll

fingers
dits

arm
braç

chin
barbeta

shoulders
espatlles

hair
cabell

knees
genolls

legs
cames

heel
taló

17 human

Head	chest	toes
Cap	pit	dits dels peus

Wrist	Torso	elbow
Canell	Tors	colze

  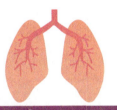

Brain	Heart	Lungs
Cervell	Cor	Pulmons

Kidneys	Liver	Pancreas
Ronyons	fetge	Pàncrees

Intestine	Spleen	Bladder
Intestí	Melsa	Bufeta

animals 18

ANIMALS

19

snake
serp

crocodile
cocodril

tiger
tigre

Swan
cigne

Panda
Panda

kangaroo
cangur

20 ANIMALS

Cheetah
Guepard

fox
guineu

Fish
Peix

parrot
lloro

via
via

zebra
zebra

ostrich
estruç

alpaca
alpaca

preposició · 21 · preposition

for	per
after	després
before	abans
with	amb
about	Sobre
against	en contra
in	en
without	sense
since	des que
around	al voltant
on	activat
like	M'agrada
by	per
during	durant
between	entre
from	des de

vehicles 22

car
cotxe

airplane
avió

taxi
taxi

school bus
autobús escolar

air balloon
globus aerostàtic

train
tren

tractor
tractor

Motorbike
moto

bicycle
bicicleta

23 vehicles

garbage truck
camió de les escombraries

fire truck
camió de bombers

truck
camió

ambulance
ambulància

ship
vaixell

helicopter
helicòpter

submarine
submarí

boat
vaixell

rocket
coet

dies 24 days

diumenge

dilluns

dimarts

dimecres

dijous

divendres

dissabte

setmana

avui

demà

el dia abans

demà passat

Mesos   25   Months

31 JANUARY
gener

29 FEBRUARY
febrer

31 MARCH
març

30 AVRIL
abril

31 MAY
maig

30 JUNE
juny

31 JULY
juliol

30 AUGUST
Agost

31 SEPTEMBER
setembre

31 OCTOBER
Octubre

30 NOVEMBER
de novembre

31 DECEMBER
desembre

Temps	Time
hour	hores
minute	minut
three minutes	tres minuts
o'clock	en punt
half past	dos quarts
one o'clock	una en punt
two o'clock	les dues en punt
three o'clock	les tres en punt
four o'clock	les quatre en punt
five o'clock	les cinc en punt
six o'clock	les sis en punt
seven o'clock	les set en punt
eight o'clock	les vuit en punt
ten o'clock	les deu en punt
twelve o'clock	les dotze en punt
What time is it now?	Quina hora és ara

Adverbis   Adverbs

early	d'hora
always	sempre
never	mai
now	ara
often	sovint
usually	generalment
occasionally	de tant en tant
still	encara
immediately	immediatament
generally	en general
frequently	freqüentment
daily	diàriament
sometimes	de vegades
late	tard
soon	aviat
ever	sempre

formes　　28　　shapes

circle
cercle

square
quadrat

triangle
triangle

rectangular
rectangular

rhombus
rombe

oval
ovalada

hexagon
hexàgon

star
estrella

heart
cor

pentagon
pentàgon

cross
creu

arrow
fletxa

colors
colors

brown	marró	orange	taronja
gray	gris	silver	plata
white	blanc	pink	rosa
purple	porpra	peach	préssec
red	vermell	gold	or
green	verd	beige	beix
blue	blau		
yellow	groc		
black	negre		

What's your favorite color?
Quin és el teu color favorit

| Tambourine | guitar | piano |
| Pandero | guitarra | piano |

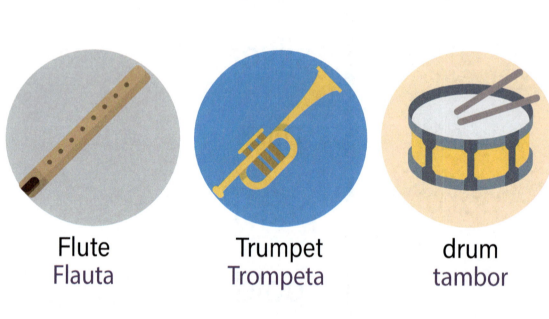

| Flute | Trumpet | drum |
| Flauta | Trompeta | tambor |

| Loudspeaker | Musical | microphone |
| Altaveu | Musical | micròfon |

music

música

31

tools / eines

posició / direcció

top	superior
bottom	inferior
up	amunt
down	cap avall
middle	mig
center	centre
back	esquena
side	costat
east	est
west	oest
north	nord
south	sud
outside	fora
inside	dins
opposite	contrari
adjacent	adjacents

33 position / direction

front	davant
toward	cap a
facing	de cara
beside	al costat
corner	cantonada
distant	llunyà
far	lluny
close	Tanca
by	per
surrounding	al voltant de
all sides	tots els costats
next to	Al costat de
on top	a la part superior
above	a dalt
under	sota

estacions 34 seasons

seasons
estacions

SPRING
primavera

SUMMER
estiu

WINTER
hivern

AUTUMN
tardor

morning
matí

evening
vespre

llum

fosc

The day
El dia

night
nit

El temps — Weather

| sun | clouds | Coldness | heat |
| sol | núvols | Fredor | calor |

| rainbow | star | thunder | umbrella |
| arc de Sant Martí | estrella | tro | paraigua |

| Storm | snow | rain | Wind |
| Tempesta | neu | pluja | Vent |

| Boots | Leaves | crescent moon | breeze |
| Botes | Fulles | lluna creixent | brisa |

36

soccer
futbol

handball
handbol

tennis
tennis

basketball
bàsquet

golf
golf

volley ball
pilota de volei

boxing
boxa

hockey
hoquei

cricket
cricket

Sports

Esports

horseback	swimming	weight lifting
a cavall	natació	aixecament de peses

bicycle racing	gymnastics	football
cursa de bicicletes	gimnàstica	futbol

karate	taekwondo
karate	taekwondo

Sports

roba 38 clothes

sweater
jersei

shirt
camisa

outerwear
roba exterior

blouse
brusa

skirt
faldilla

shorts
pantalons curts

boot
arrencada

Hat
Barret

cap
cap

knitwear
peces de punt

overalls
monos

rompers
mamelons

shoes
sabates

dress
vestit

pants
pantalons

professions 39 professions

doctor	Teacher	employee
metge	Mestra	empleat

Paramedic	Announcer	Air hostess
Paramèdic	Locutor	Hostessa de vol

Fireman	nurse	mechanical
Bomber	infermera	mecànica

barber	artist	policeman
barber	artista	policia

cobbler	planter	farmer
sabater	jardinera	pagès

adjectius

late	tard
important	important
big	gran
wide	ample
small	petit
narrow	estret
short	curt
long	llarg
good	bo
same	mateix
beautiful	bonic
strong	fort
kind	amable
hot	calent
easy	fàcil
bad	dolent

adjectives

large	gran
low	baix
high	alt
famous	famós
new	nou
old	vell
quiet	tranquil
young	jove
different	diferents
little	poc
great	genial
early	d'hora
soft	suau
dirty	brut
happy	feliç
hard	dur

verbs

42

 **cook** *cuinar*	 **eat** *menjar*	 **wash** *rentar*
 **rest** *descans*	 **draw** *sorteig*	 **answer** *resposta*
 **call** *anomenada*	 **listen** *escolta*	 **see** *veure*

43 verbs

 **read** *llegir*	 **wake up** *Desperta*	 **bathe** *banyar-se*
 **travel** *viatjar*	 **wait** *espera*	 **run** *correr*
 **teach** *ensenyar*	 **offer** *oferta*	 **remember** *recorda*

verbs

return	tornar
sleep	dormir
feel	sentir
turn on	encendre
arrive	arribar
ask	preguntar
receive	rebre
plan	pla
explain	explicar
can	llauna
close	Tanca
buy	comprar
want	voler
search	cerca
put	posar
use	utilitzar

verbs

ride	passeig
cancel	cancel·lar
do	fer
go	anar
come	vine
stand	parar
say	dir
laugh	riure
make	fer
talk	parlar
open	obert
finish	acabar
watch	veure
drink	beure
understand	entendre
think	pensar

tecnologia

46

laptop
portàtil

phone
telèfon

software
programari

printer
impressora

file
dossier

share
Compartir

virus
virus

upload
carregar

image
imatge

47 technology

 **USB Drive** Unitat USB	 **calculator** calculadora	 **search** cerca
 **card payment** pagament amb targeta	 **download** descarregar	 **Wi-Fi** Wi-Fi
 **controller** controlador	 **Mouse** Ratolí	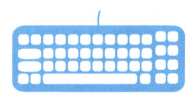 **keyboard** teclat

internet 48

blog	bloc
Internet	Internet
webpage	pàgina web
website	lloc web
send	enviar
subject	assignatura
forwarding	reenviament
draft	esborrany
attachment	adjunt
inbox	safata d'entrada
outbox	bústia de sortida
signature	signatura
address	adreça
reply	resposta
filter	filtre
unread	sense llegir

internet

comment	comentar
video	vídeo
live broadcast	retransmissió en directe
popularity	popularitat
trend	tendència
playlist	llista de reproducció
influencer	influencer
collaborate	col·laborar
like	M'agrada
troll	troll
subscribe	subscriu-te
vlog	vlog
favorite	favorit
tutorial	tutorial
editing	edició
thumbs up	polzes amunt

feelings / sentiments

calm
calma

boring
avorrit

anxious
ansiós

energetic
enèrgic

active
actiu

strong
fort

funny
divertida

serious
seriós

shy
tímid

artistic
artística

patient
pacient

quiet
tranquil

brave
valent

smart
intel·ligent

crazy
boig

culture / cultura

books
llibres

Newspapers
Els diaris

television
televisió

camera
càmera

Squad
Esquadra

photography
fotografia

cinema
cinema

movie
pel·lícula

painting
pintura

music
música

dictionary
diccionari

Opera
Òpera

computer
ordinador

museum
museu

theater
teatre

51

mountain
muntanya

Ice mountain
Muntanya de gel

volcano
volcà

forest
bosc

fire
foc

river
riu

dam
presa

desert
desert

cave
cova

nature

naturalesa

52

island	sunset	lake
illa	posta de sol	llac

garden	sea	Lighthouse
jardí	mar	Far

tree	shore	palm
arbre	Riba	palmell

nature

ecologia

54

rainforest	trash	green
selva tropical	escombraries	verd

global warming	Earth Day	conserve
escalfament global	dia de la Terra	conservar

recycle	volunteer	resource
reciclar	voluntari	recurs

pollution	protect	energy
Pol·lució	protegir	energia

ecology 55

eco-friendly
ecològic

global ecosystem
ecosistema global

endangered
en perill d'extinció

environment
medi ambient

organic
orgànica

Vegetation
Vegetació

gasoline
gasolina

temperature
temperatura

coal
carbó

nuclear
nuclear

flora
flora

arctic
àrtic

 botiga online

Buildings and shops
Edificis i comerços

botiga

casa

cafè

supermercat

pharmacy
farmàcia

57
deliver
lliurar

restaurant
restaurant

hospital
hospital

botiga d'animals

escola

continents

africa
Àfrica

asia
Àsia

europe
europa

australia
Austràlia

indian ocean
Oceà Índic

south america
Sud Amèrica

atlantic ocean
oceà Atlantic

antarctica
antàrtida

north america
Amèrica del nord

països 59

60 countries

algeria
algèria

ghana
ghana

gabon
Gabó

liberia
Libèria

russia
Rússia

north korea
Corea del Nord

china
Xina

turkey
gall dindi

south africa
Sud-Àfrica

tunisia
Tunísia

thailand
Tailàndia

mali
mali

japan
Japó

cambodia
Cambodja

togo
anar

syria
Síria

61 countries

united states
Estats Units

canada
Canadà

columbia
Colòmbia

pero
però

chile
Xile

panama
panamà

cuba
cuba

brazil
brasil

suriname
Surinam

jamaica
Jamaica

austria
Àustria

bahamas
bahames

mongolia
mongòlia

moldova
moldova

maldives
maldives

nicaragua
nicaragua

solar system
sistema solar

sun
sol

earth
terra

saturn
Saturn

uranus
urà

jupiter
Júpiter

mars
mart

neptune
neptú

venus
venus

mercury
mercuri

Matemàtiques	63	Math
odd		estrany
even		fins i tot
plus		més
minus		menys
times		vegades
divide		dividir
equal		igual
point		punt
percent		per cent
remainder		resta
formula		fórmula
equation		equació
variable		variable
solution		solució
function		funció
calculate		calcular

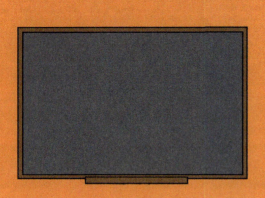

whiteboard
pissarra

64

textbook
llibre de text

eraser
goma d'esborrar

pencil
llapis

book
llibre

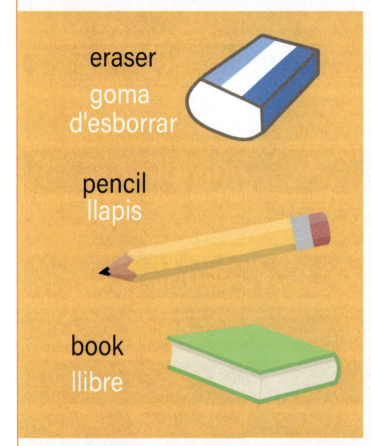

classroom
aula

library
biblioteca

escola

tornar a l'escola

65

read
llegir

student
estudiant

teacher
professor

Backpack
Motxilla

rest
descans

universitat

Vocabulari 66

question	pregunta
letter	carta
language	llenguatge
noun	substantiu
alphabet	alfabet
word	paraula
sentence	frase
comma	coma
period	període
reading	lectura
answer	resposta
phrase	frase
vowel	vocal
plural	plural
suffix	sufix
pronunciation	pronunciació

67 Vocabulary

grammar	gramàtica
vocabulary	vocabulari
singular	singular
writing	escriptura
gender	gènere
consonant	consonant
article	article
speaking	parlant
listening	escoltant
declension	declinació
verb	verb
adverb	adverbi
adjective	adjectiu
qualifying	qualificant
question mark	signe d'interrogació
exclamation	exclamació

wardrobe
armari

Bed
Llit

table
taula

door
porta

chair
cadira

window
finestra

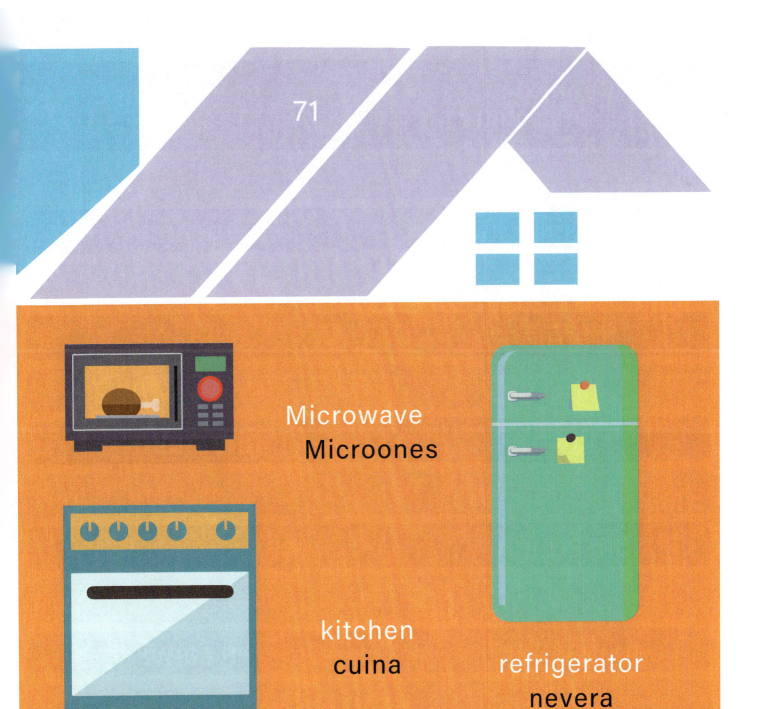

Connexió de pensaments	72	Connecting Thoughts
also		també
still		encara
however		malgrat això
therefore		per tant
currently		actualment
finally		finalment
nevertheless		no obstant
consequently		conseqüentment
indeed		en efecte
instead		en canvi
likewise		igualment
meanwhile		mentrestant
eventually		eventualment
besides		a més
certainly		sens dubte
in addition		a més

Printed in Great Britain
by Amazon